Roger Hutchison

EL Mejor DÍA

El Camino del Amor para Niños y Niñas

Prefacio por Jesús Reyes
Traducido por Yoimel González Hernández

CHURCH
PUBLISHING
INCORPORATED

Los textos bíblicos son citados de la versión de la Biblia Dios Habla Hoy ® © Sociedades Bíblicas Unidas, 1966, 1970, 1979, 1983, 1996.

El Padrenuestro ha sido tomado del Libro de Oración Común, página 60.

Church Publishing
19 East 34th Street
New York, NY 10016
www.churchpublishing.org

Ilustración de cubierta por: Lorraine Simonello
Composición tipográfica por: Beth Oberholtzer

Ejemplares de este libro están disponibles en la Biblioteca del Congreso.

ISBN 978-1-64065-386-3 (libro impreso)
ISBN 978-1-64065-387-0 (libro elecrónico)

Al jovencito que preguntó:
"¿Por qué me buscaban?
¿No sabían que tengo que estar
en la casa de mi Padre?"

Este libro es mi humilde regalo para ti.

Tú **eres** el *camino del amor*.

Presentado a

_____

De parte de

_____

En ocasión de

_____

Fecha

_____

Prefacio

"Les aseguro que si ustedes no cambian y se vuelven como niños, no entrarán en el reino de los cielos." (Mateo 18:3)

¿Recuerda usted estas palabras de Jesús a sus discípulos? El Evangelio según San Mateo, coloca este evento como respuesta a una pregunta que ellos le hacen, "¿Quién es el más importante en el reino de los cielos?" (Mateo 18:1) La pregunta en sí misma contiene varias implicaciones. Sin embargo, la respuesta de Jesús es sencilla, directa y desorientadora. Ahora me gustaría preguntarle a ustedes, lectores, "¿Qué significa para ustedes el cambiar y volverse como un niño o una niña?"

Desde mi punto de vista, toda persona sana es capaz de reconocer la belleza e inocencia de los niños y niñas. Su capacidad imaginativa, curiosidad, adaptabilidad, deseo de aprender, y …, bueno, la lista de palabras lindas puede ser muy larga.

Aún recuerdo con frescura cuando mi hijo jugaba con dos de sus pequeños amigos. Tendrían ellos como cinco años. Creo que estaban viajando en el espacio porque se movían como si estuvieran flotando. Y cada uno de ellos añadía a la historia que ellos estaban viviendo. No le quitaban a la historia, tan sólo le añadían. Yo estaba sentado en la mesa del comedor leyendo un libro de filosofía bastante complejo, y pensé para mis adentros, "creo que su sentido de realidad es más exacto y accesible que lo que estoy leyendo".

Este bello libro para infantes, *"El Mejor Día"*, de Roger Hutchison, ha sido un gran regalo para mí personalmente por varias razones. Primero, lo tuve que leer varias veces. Lo leía casi diariamente, por semanas. Algunas veces en la mañana como parte de mi oración matutina. En otras ocasiones por la noche, recordando los días cuando le leía a mi hijo historias de su primera Biblia antes de dormir. Pero, en realidad, creo que me estaba leyendo a mí mismo. Le estaba leyendo al niño en mí que desea imaginarse el reino de los cielos. El adulto que desea volver a saborear con frescura su propia capacidad de imaginar, de soñar con curiosidad, y, posiblemente, no desea aprender más, sino soltar lo aprendido para sentirse ligero. Espiritualmente, así me siento, un poco más ligero. Gracias Roger.

El segundo gran regalo que Roger nos hace es recoger el proceso del Camino del Amor y lo convierte en una serie de pequeñas historias que se conectan. Los pasos propuestos por el Camino del Amor son: Cambiar, Aprender, Orar, Adorar, Bendecir, Ir y Descansar. Cada uno de estos pasos pueden ser saboreados permitiendo que el niño o la niña use de su imaginación conforme explora el Camino del Amor. Es muy posible que la riqueza de los colores y las imagines ayuden a expandir su imaginación.

Prefacio

*"Les aseguro que si ustedes no cambian y se vuelven como niños,
no entrarán en el reino de los cielos."* (Mateo 18:3)

¿Recuerda usted estas palabras de Jesús a sus discípulos? El Evangelio según
San Mateo, coloca este evento como respuesta a una pregunta que ellos le hacen,
"¿Quién es el más importante en el reino de los cielos?" (Mateo 18:1) La pregunta
en sí misma contiene varias implicaciones. Sin embargo, la respuesta de Jesús
es sencilla, directa y desorientadora. Ahora me gustaría preguntarle a ustedes,
lectores, "¿Qué significa para ustedes el cambiar y volverse como un niño o
una niña?"

Desde mi punto de vista, toda persona sana es capaz de reconocer la belleza e inocencia de los niños y niñas. Su capacidad imaginativa, curiosidad, adaptabilidad, deseo de aprender, y …, bueno, la lista de palabras lindas puede ser muy larga.

Aún recuerdo con frescura cuando mi hijo jugaba con dos de sus pequeños amigos. Tendrían ellos como cinco años. Creo que estaban viajando en el espacio porque se movían como si estuvieran flotando. Y cada uno de ellos añadía a la historia que ellos estaban viviendo. No le quitaban a la historia, tan sólo le añadían. Yo estaba sentado en la mesa del comedor leyendo un libro de filosofía bastante complejo, y pensé para mis adentros, "creo que su sentido de realidad es más exacto y accesible que lo que estoy leyendo".

Este bello libro para infantes, *"El Mejor Día"*, de Roger Hutchison, ha sido un gran regalo para mí personalmente por varias razones. Primero, lo tuve que leer varias veces. Lo leía casi diariamente, por semanas. Algunas veces en la mañana como parte de mi oración matutina. En otras ocasiones por la noche, recordando los días cuando le leía a mi hijo historias de su primera Biblia antes de dormir. Pero, en realidad, creo que me estaba leyendo a mí mismo. Le estaba leyendo al niño en mí que desea imaginarse el reino de los cielos. El adulto que desea volver a saborear con frescura su propia capacidad de imaginar, de soñar con curiosidad, y, posiblemente, no desea aprender más, sino soltar lo aprendido para sentirse ligero. Espiritualmente, así me siento, un poco más ligero. Gracias Roger.

El segundo gran regalo que Roger nos hace es recoger el proceso del Camino del Amor y lo convierte en una serie de pequeñas historias que se conectan. Los pasos propuestos por el Camino del Amor son: Cambiar, Aprender, Orar, Adorar, Bendecir, Ir y Descansar. Cada uno de estos pasos pueden ser saboreados permitiendo que el niño o la niña use de su imaginación conforme explora el Camino del Amor. Es muy posible que la riqueza de los colores y las imagines ayuden a expandir su imaginación.

El tercer regalo que recibo se relaciona con el hecho de yo haber tenido el privilegio de estar en la sala con el Obispo Primado, Michael Curry, y aproximadamente otras 16 personas, cuyo objetivo era convertirse en una especie de espejo para que nuestro Obispo Primado pudiera ver el reflejo, el efecto y el potencial profético del "Movimiento de Jesús". Para el Obispo Curry, el Movimiento de Jesús es un proceso centrado en el amor. Bien lo ha dicho en varias ocasiones, "Si no es acerca del amor, entonces no es acerca de Jesús". Fue dentro de este contexto de oración y reflexión que el "Camino del Amor" comenzó a germinar. Desde entonces han surgido muchas iniciativas, materiales, eventos de renovación, e incluso programas. Pero el centro de la energía sigue siendo el reconocimiento del amor como el ejercicio profético que puede cambiar a la persona y al mundo en el nombre de Jesús.

Este libro es para niños y niñas. Pero también le habla a ese pequeño que aún reside en los adultos y que está deseando saborear el "reino de los cielos".

Léalo. Disfrútelo. Y siga con fidelidad "El Camino del Amor". Es en este camino que usted encontrará a Jesús.

El Rev. Canónigo Jesús Reyes
Diócesis de El Camino Real

Cambiar

En los días calurosos de
   primavera,
cuando el cielo es azul
   claro,
me pongo mis botas
   temprano
contigo voy al jardín,
   afuera.

Recogemos algunas flores
azules, amarillas y rosadas.
Tú escoges una blanca con
   mil olores.
Bailamos y nos reímos a
   montones.

De agua llenamos el
   florero,
casi hasta arriba.
Ya nos salpica.
Las flores parecen del
   cielo.
¡Con cuidado! – dices.
Hoy es **un día de colores
   al vuelo.**

La noche cae suave
y yo digo una oración:
Gracias por las flores,
por tu compañía y amor.
Gracias por mi familia,
por el sol y el amor de Jesús.
Las estrellas en la vigilia
me protegen con su luz.

¿De qué formas creces
cuando cambias tu rumbo hacia el amor de Jesús?

Aprender

La luz del sol me despierta.
La luna ya descansa.
El sol ríe con confianza.

¡Es un nuevo día!
¡A aprender con alegría!
Cómo se congela el hielo…
lo que hace al fuego arder.
Aprendemos cosas nuevas
de día, al anochecer
o al contar ovejas: una, dos, tres… cien.

Aprendemos en la escuela,
en la iglesia o mientras jugamos.
Aprendemos de la tierra
redonda como la pelota que lanzamos.

No siempre es fácil.
A veces creo que desisto,
pero intento e intento y no me rindo.

En la finca aprendemos de caballos,
de vacas y del heno.
Este es **un día para crecer** de lo bueno.

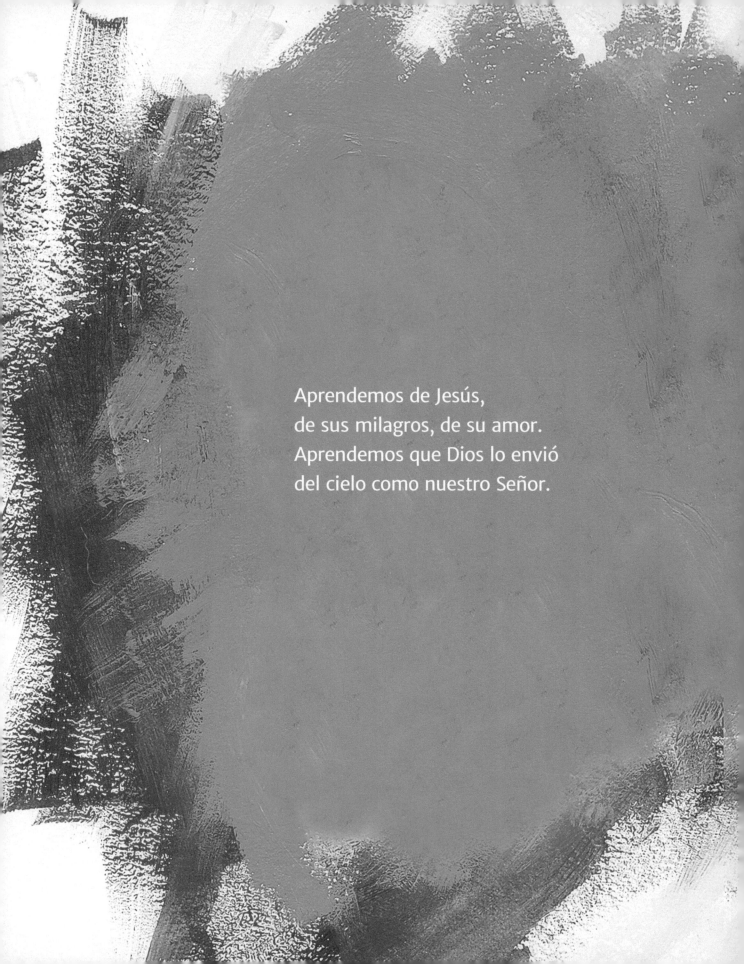

Aprendemos de Jesús,
de sus milagros, de su amor.
Aprendemos que Dios lo envió
del cielo como nuestro Señor.

¿Cómo podemos
aprender más
sobre Jesús y su
amor?

Orar

Agradecido o con miedo, digo una oración.
Yo sé en mi corazón que Jesús está conmigo.
Con mis manos a lo alto o mirándome el ombligo
yo llamo y él calma el mar que ruge
   fuerte en mi oído.

A veces estoy triste y me escondo
pero nunca estoy solo cuando él llama.
Jesús está a mi lado. Él me ama.
Me enseña el mejor de los caminos.
Este **día lleno de emociones** vino.

Sus amigos se reunieron alrededor de la mesa.
Unidos y con gentileza, la oración escucharon con sorpresa:

Padre nuestro que estás en el cielo,
santificado sea tu Nombre,
venga tu reino,
hágase tu voluntad,
en la tierra como en el cielo.
Danos hoy nuestro pan de cada día.
Perdona nuestras ofensas,
como también nosotros perdonamos
a los que nos ofenden.
No nos dejes caer en tentación
y líbranos del mal.
Porque tuyo es el reino,
tuyo es el poder,
y tuya es la gloria,
ahora y por siempre. Amen.

¿En qué momentos oras?
¿Qué dices cuando hablas con Dios?

Adorar

El domingo en la mañana a la iglesia voy.
De mi familia y mis amigos cerquita estoy.

En lo alto, la campana escuchamos con su ¡tan!
Cantamos, oramos, estamos en silencio.
Con las manos extendidas recibimos el pan.
En mi vida, día a día, el amor de Dios presencio.

Es su amor y su paz lo que debemos brindar
a todos los que encuentro en mi camino.
Este ha sido **un santo día** para adorar.

A veces nos arrodillamos
y en pie muchas veces estamos.

Después de la adoración
jugamos y nuestras manos parecen color carbón.

Con clases y bocaditos
aprendemos de Jesús,
de su vida, de sus milagros.
Por eso regreso a la iglesia
cada día por el mismo caminito.

Adorar es divino, especial y bueno.
Si vienes conmigo te sentirás pleno.

¿Cuál es tu parte favorita de la misa? ¿Por qué?

Bendecir

A veces estoy tan feliz
que siento mi corazón arder.
Otros días estoy triste.
Esos son los peores que existen.
Entonces me escondo y una lágrima insiste.

Un abrazo, una gran sonrisa.
Ama como Jesús amó
y sentirás la paz de Dios.

Hacer amigos lleva atención y trabajo.
La amistad es difícil, estés sonriente o cabizbajo.
Sé generoso, sé amable e invita a otros a jugar.
Este ha sido **un día para amar**.

El *camino del amor* es el que debemos seguir.

Lo sabemos porque lo dijo Jesús.

Sé bendición, alegría, un oído atento.

Porque tú, hijo mío,

Porque tú, hija mía,

misionero de Jesús eres caminando al viento.

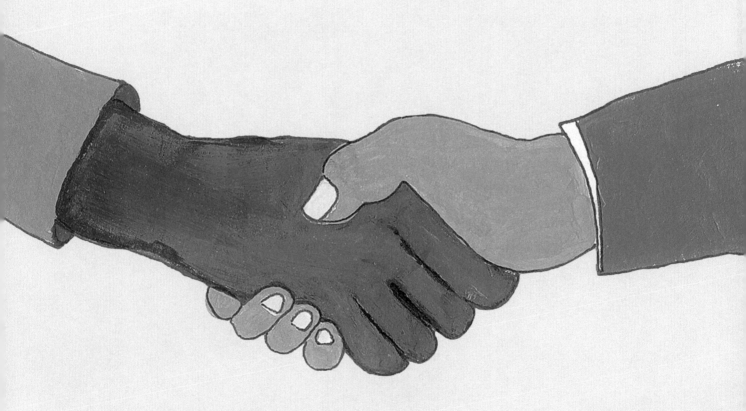

Tú eres una bendición.
¿Puedes mencionar las formas de serlo?

Ir

"Vayan al mundo para amar y servir al Señor",
  dice la sacerdote.
Las puertas se abren y somos enviados al camino:
la casa, la escuela, el trabajo es mi destino.

Compartir a Jesús, el Señor,
para que otros conozcan de su amor.

Comparte sus historias de sanación,
de la Virgen María, los pescados por montón,
y la pesada cruz que Jesús cargó.
Corremos, saltamos, tropezamos en el camino.
¡Este ha sido **un día muy activo!**

Ponte los zapatos,
que ya te espera el camino.
Sé fuerte, sé valiente,
no te des nunca por vencido.

El mundo necesita el amor de Jesús.
Su vida cambia las nuestras cada día.
"Demos gracias a Dios", nuestras voces
    anuncian.
"Preparados, listos, fuera",
    deja atrás lo que traías.

¿Qué significa para ti la frase
"vayan en paz para amar y servir
al Señor"?

Descansar

La tierra, la luna y el sol, Dios los creó.
También las azules ballenas y los monos él formó.
Día 1, día 2, día 3, día 4.
¡Espera! Dios no paró en el día cuarto.

Falta mucho por crear.
Día 5 y día 6,
la belleza de la creación.
Los pájaros de todo color,
Las personas de cada nación.
Del día uno al día siete,
"Esto es muy bueno", dijo Dios sonriente.

Después Dios descansó en la inmensidad.
Descansemos también nosotros de este día tan
   chiflado.
Respira profundo, medita, juega con tranquilidad.
Este ha sido **un día relajado**.

No es bueno estar cansados, débiles o sin fuerzas.
Es necesario descansar, dormir te sana y te alienta.
Hay mucho aun por hacer, eso lleva mucha energía.
Para ti y para mí ese es el ritmo de la vida cada día.

¿Qué puedes hacer para descansar
y tomar las cosas con calma?

Está muy claro:
Jesús es amor.
Dios camina con nosotros,
nos sigue de cerca como
    el buen pastor.

Cambia el rumbo hacia la Luz,
crece, aprende de todo lo que hacemos.
Buenos o malos los días, según nuestra actitud.

Aprendemos cuando escuchamos, practicamos
    y leemos.
Las historias sobre Jesús nos enseñan a ser mejores,
a **orar** el Padrenuestro que Jesús nos enseñó.
Ora por mí como yo oro por ti.
¡No te demores!

Vamos a **adorar** al Hijo de Dios.
Él es fuerza, poder y amor para todos.
Te **bendigo** siempre con alegría y sonrisas.
Vivas cerca o vivas lejos, que el camino te lleve
    sin prisas.

Juntos **vamos** por este mundo necesitado.
Primero alimentar, ayudar y curar al herido.
Después **descansar**, tomar un tiempo en silencio,
    sin ruido.

La vida es dura, la tuya y la mía,
pero Jesús nos enseña que el camino es el amor.
Espero que tengas **el mejor de los días**.

Nota del autor

En la 79ª Convención General de la Iglesia Episcopal en julio del 2018, el Obispo Presidente Michael B. Curry llamó a la iglesia a practicar el Camino del Amor. Todos, jóvenes o adultos, fuimos invitados a "crecer más profundamente con Jesucristo como centro de nuestras vidas para así ser testigos de su camino de amor en y por el mundo."[1]

El Mejor Día es un libro para niños y niñas. Mi meta principal al escribir este libro fue escribir poesía inspiradora y atractiva que no solo inspirara a los niños a leerla, sino que también proveyera un lenguaje y un esquema para identificar una "regla de vida" establecida.

Yo espero que el ritmo antiguo de nuestra historia se muestre ante ti y ante tu hijo o hija a través del lenguaje accesible y de los colores vibrantes. Es imperativo proveer oportunidades para que nuestros niños descubran y experimenten desde temprano las prácticas y los ritmos sagrados, especialmente en la atmósfera en que vive el mundo hoy. De esa forma ellos podrán florecer sanamente como jóvenes y adultos. No puedo imaginar una mejor manera de hacer esto que sorprendiéndome y caminando junto con Jesús en el Camino del Amor.

Roger Hutchison
Houston, Texas

---

1. Puedes aprender más sobre Camino del Amor, incluyendo la invitación del Obispo Presidente Michael Curry, en www.episcopalchurch.org/way-of-love.